Der kleine Urlaubskarten-Ratgeber
Helga Ursula Libowski

Helga Ursula Libowski

Der kleine Urlaubskarten-RATGEBER

So schreibt man gute Feriengrüße.
Beispiele, Hinweise und Tipps.
Für alle, die Urlaubskarten schreiben (müssen).

Bibliografische Information der Deutschen Bibliothek:
Die Deutsche Bibliothek verzeichnet diese Publikation in der Deutschen
Nationalbibliografie; detaillierte Daten sind im Internet über
http://dnb.ddb.de abrufbar.

Herstellung und Verlag: Books on Demand GmbH, Norderstedt
ISBN 3-8334-2922-4

INHALTSVERZEICHNIS

VORWORT

Liebe Leser!

Schreiben Sie gerne Urlaubskarten, oder geht es Ihnen genauso wie mir? Ich sitze jedes Jahr – etwa in der zweiten Urlaubswoche – vor einem Stapel Urlaubskarten, und wie auch im Vorjahr stellt sich mir immer wieder die gleiche Frage: Was soll ich nur schreiben?

Schon drei Tage vor dem Kartenschreiben denke ich mit Schrecken an die Urlaubsgrüße an die Familie, die Nachbarn, Arbeitskollegen, Freunde und Bekannten.

Es ist gar nicht so einfach, für jede Karte den richtigen Wortlaut zu finden. Vor allen Dingen sollen ja die Karten nicht den gleichen Text aufweisen.

Manchmal sitze ich recht lange an dem Text einer einzigen Karte. Wertvolle Urlaubszeit geht verloren, das Kartenschreiben wird zur Strapaze.

Als ich wieder einmal vor dem Problem „Was schreibe ich denn nur?" stand, kam mir die Idee, die Texte von Urlaubskarten zu sammeln, zu vergleichen und zu ordnen, um auf diese Weise ein kleines Nachschlagewerk mit Tipps und Hinweisen fertigzustellen. So entstand dieser Ratgeber, den ich auch gern allen anderen Schreibern zur Verfügung stellen möchte, die wie ich Schwierigkeiten haben, den richtigen und treffenden Text für ihre Urlaubsgrüße zu finden.

Aber auch für diejenigen Schreiber, die gegenüber der neuen deutschen Rechtschreibung unsicher sind, ist dieses Nachschlagewerk eine wertvolle Hilfe. Denn nichts ist unangenehmer, als dem Chef, den Arbeitskollegen oder den Nachbarn eine mit Rechtschreibfehlern gespickte Urlaubskarte zu schicken.

Sie brauchen keine Bedenken zu haben, dass jemand Ihre ganz persönliche Urlaubskarte später in diesem Ratgeber entdeckt. Denn indem Sie den jeweiligen Ländernamen oder Ortsnamen dieser Beispiele durch den entsprechenden Namen Ihres Urlaubslandes bzw. Urlaubsortes ersetzen und indem Sie die Eigennamen ändern, bekommt jede Karte einen individuellen Charakter.

Ich hoffe, Sie werden hier eine brauchbare Hilfe finden. Ich wünsche Ihnen unbeschwerte Urlaubstage und viel Freude beim Schreiben Ihrer Urlaubskarten.

Die Autorin

I. TEIL:

Aufbau einer Urlaubskarte

Im ersten Teil dieses Buches finden Sie Hinweise zum Textaufbau einer Urlaubskarte. Bei der Betrachtung zahlreicher Grußkarten ist festzustellen, dass alle in der wesentlichen Gliederung übereinstimmen und sich nur in den Details unterscheiden.

Das Schwierigste beim Schreiben einer Urlaubskarte ist, dass wir oft nicht wissen, was in einen Kartentext gehört. Hier finden Sie eine Übersicht über die möglichen Themen.

Genau betrachtet, gliedert sich eine Urlaubskarte in vier Teile, und zwar:

1. **eine Anrede** (z. B. Ihr Lieben)

2. **einen Gruß vom Urlaubsort**
   (Viele Grüße aus Italien senden euch ...)

3. **Informationen über den Urlaub selbst**
   (Das Wetter ist herrlich, unser Hotel ist prima.)

4. **Zusatzgrüße**
   (Viele Grüße auch an Familie ...)

Zu 1.:
Eine Anrede wie z. B. „Ihr Lieben!" oder „Liebe Alexandra, lieber Markus!" findet man nur noch gelegentlich auf Urlaubskarten. Eine Anrede ist zwar persönlicher und höflicher, da ein Kartengruß aber oft nur knapp und stichwortartig formuliert wird, kann auf eine Anrede verzichtet werden.

Zu 2.:
Ein Gruß vom Urlaubsort („Die besten Urlaubsgrüße aus Berchtesgaden senden euch ...") oder aus dem Urlaubsland („Ganz liebe Grüße aus Spanien senden dir ...") ist auf allen Karten zu finden. Die meisten Urlaubskarten beginnen mit einem solchen

Gruß. Nur selten wird der Gruß an das Ende einer Karte gesetzt.

Zu 3.:

Informationen über den Urlaub selbst sollten auf keiner Karte fehlen. Zwar kann eine Urlaubskarte auch folgenden Text haben:

> *„Viele Grüße aus dem sonnigen Frankreich senden euch Martina und Frank",*

allerdings wird hier der Leser enttäuscht sein, dass er nicht mehr vom Urlaub seiner Verwandten / Freunde / Bekannten erfahren darf als den Namen des Landes, in dem sie sich aufhalten. Solche Kartengrüße erzeugen oftmals ein: „Na ja, sie haben ja wenigstens an uns gedacht."

Viel interessanter ist es natürlich, wenn der Adressat auch gleich noch einen Hauch von Urlaub vermittelt bekommt:

> *„Tolles Wetter, herrlicher Strand, gutes Essen, Besichtigung von Sehenswürdigkeiten" usw.,*

d.h. zusätzliche Informationen über den Urlaub sollten auf keiner Karte fehlen!

Folgende Themen bieten sich hierfür an:

a.) Anreise
b.) Allgemeine Stellungnahme
c.) Wetter
d.) Unterkunft
e.) Landschaft
f.) Vergangene Unternehmungen
g.) Derzeitige Unternehmungen
h.) Zukünftige Unternehmungen
i.) Sehenswürdigkeiten

Zu 4.:
Am Ende einer Karte können Grüße an Freunde und Bekannte stehen:

„Viele Grüße auch an Thomas und Beate."

Hier noch einmal die Gliederung einer Urlaubskarte im Überblick:

1.) Anrede
2.) Allgemeiner Gruß
3.) Informationen über den Urlaub
    a.) Anreise
    b.) Allgemeine Stellungnahme
    c.) Wetter
    d.) Unterkunft
    e.) Landschaft

f.) Vergangene Unternehmungen
g.) Derzeitige Unternehmungen
h.) Zukünftige Unternehmungen
i.) Sehenswürdigkeiten
4.) Zusatzgrüße

Beispiele zur Gliederung eines Kartentextes

Es folgen Textbeispiele, die nach der obigen Gliederung aufgeschlüsselt wurden, um den möglichen Aufbau einer Urlaubskarte genauer zu veranschaulichen:

1. Anrede: _ _ _ _ _ _ _ _ _ _ _ _ _

2. Allgemeiner Gruß: *Viele Urlaubsgrüße aus Füssen im Allgäu senden euch ganz herzlich Monika und Andreas.*

3. Informationen:
   a.) Anreise: *Nach langer Fahrt mit vielen Staus sind wir gut angekommen.*

   b.) Allgemeine
       Stellungnahme: *Hier ist es wirklich herrlich.*

   c.) Wetter: *Die Sonne meint es nur gut mit uns.*

d.) Unterkunft: *Unsere Pension ist sehr ge-*
mütlich.

e.) Landschaft : _ _ _ _ _ _ _ _ _ _ _ _ _ _

f.) Vergangene
Unternehmungen: *Wir sind schon viel gewandert*

und haben einige schöne Fahr-
radtouren gemacht.

g.) Derzeitige
Unternehmungen: _ _ _ _ _ _ _ _ _ _ _ _ _

h.) Zukünftige
Unternehmungen: _ _ _ _ _ _ _ _ _ _ _ _ _

i.) Sehenswürdigkeiten: _ _ _ _ _ _ _ _ _ _ _ _

4.) Zusatzgrüße: *Viele Grüße auch an Hans*
und Gisela.

Ein weiteres Beispiel:

1.) Anrede: *Liebe Familie Schmitt!*

2.) Allgemeiner Gruß: *Die allerbesten Grüße aus*
Italien sendet Ihnen und
Ihren Kindern

Familie Thomas Garner.

3.) Informationen:

    a.) Anreise: _ _ _ _ _ _ _ _ _ _ _ _ _

    b.) Allgemeine
        Stellungnahme: _ _ _ _ _ _ _ _ _ _ _ _ _

    c.) Wetter: *Das Wetter ist wunderbar,*
                            nur Sonne und ein leichter,
                            warmer Wind.

    d.) Unterkunft: _ _ _ _ _ _ _ _ _ _ _ _ _

    e.) Landschaft: _ _ _ _ _ _ _ _ _ _ _ _ _

    f.) Vergangene
         und   *Wir faulenzen viel und*
    g.) derzeitige   *genießen das Leben am*
         Unternehmungen: *Strand und im Wasser.*

    h.) Zukünftige
         Unternehmungen: *Nächste Woche wollen wir*
                            das Landesinnere kennen
                            lernen und eine Fahrt nach
                            Rom machen.

    i.) Sehenswürdigkeiten: _ _ _ _ _ _ _ _ _ _ _ _ _

4.) Zusatzgrüße: _ _ _ _ _ _ _ _ _ _ _ _ _

Übersicht über mögliche Themen

Eine Urlaubskarte kann also folgende Inhalte aufweisen:

1.) Anrede

2.) Allgemeiner Gruß

3.) Informationen über den Urlaub

    a.) Anreise
    b.) Allgemeine Stellungnahme
    c.) Wetter
    d.) Unterkunft
    e.) Landschaft
    f.) Vergangene Unternehmungen
    g.) Derzeitige Unternehmungen
    h.) Zukünftige Unternehmungen
    i.) Sehenswürdigkeiten

4.) Zusatzgrüße

II. TEIL:

Einzelne Textbausteine nachschlagen

Im zweiten Teil dieses Ratgebers finden Sie Vorschläge bzw. Beispiele zu jedem angesprochenen Thema. Sicherlich können Sie anhand dieser Beispiele den entsprechenden Wortlaut für Ihre ganz persönliche Urlaubskarte zusammenstellen.

Diese Textbausteine können direkt übernommen werden oder sollen als Anregung für den Schreiber dienen.

Selbstverständlich müssen Sie die aufgeführten Eigennamen sowie die Städte- bzw. Ländernamen durch die entsprechenden Namen Ihrer Familienmitglieder bzw. Ihres Urlaubslandes / Urlaubsortes ersetzen.

I.) Anrede

Hinweis: *Die Anrede vertrauter Personen (du, ihr) wird kleingeschrieben. Ebenso werden auch die entsprechenden Pronomen (dich, dein, deine, euch, euer, eure etc.) kleingeschrieben.*

Die Anrede fremder Personen (Sie) wird großgeschrieben. Das Gleiche gilt für die entsprechenden Pronomen (Ihr, Ihre etc.).

- Ihr Lieben!
- Ihr Lieben alle!
- Ihr Lieben daheim!
- Ihr lieben Daheimgebliebenen!
- Ihr lieben Arbeitenden! *(Diese Anrede eignet sich besonders für Arbeitskollegen.)*
- Hallo ihr vier!
- Hallo ihr zwei!
- Liebe Tina, lieber Maik!
- Liebe Susann, lieber Thorsten und Yannik!
- Liebe Tante Monika, lieber Onkel Wolfgang!
- Liebe Frau Schröder!
- Liebe Frau May, lieber Herr May!
- Hey Nina!
- Hallo Andy!
- Hi ihr beiden!

2.) *Allgemeiner Gruss*

Hinweis: Sie schicken Ihre Urlaubsgrüße <u>aus</u> einem Land, <u>aus</u> einer Stadt oder <u>aus</u> einem Gebirge, aber <u>von</u> einer Insel, <u>von</u> einem Berg, <u>von</u> einem See!

Beachten Sie: Jamaica ist zwar eine Insel, aber auch ein Land, daher schicken Sie Ihre Grüße <u>aus</u> Jamaica!

Beispiele:
- Recht herzliche Urlaubsgrüße <u>von</u> Fuerteventura ...
- Recht herzliche Urlaubsgrüße <u>von</u> der Zugspitze ...
- Recht herzliche Urlaubsgrüße <u>von</u> der Okertalsperre ...
- Recht herzliche Urlaubsgrüße <u>vom</u> (= <u>von dem</u>) Bodensee ...
- Recht herzliche Urlaubsgrüße <u>aus</u> dem Harz ...
- Recht herzliche Urlaubsgrüße <u>aus</u> Düsseldorf ...
- Recht herzliche Urlaubsgrüße <u>aus</u> Griechenland ...

- Die allerbesten Urlaubsgrüße sendet euch Petra.
- Herzliche Grüße an alle von Lars und Stefanie aus dem Bayerischen Wald.
- Liebe Grüße aus Wien schickt euch Anja.
- Viele Grüße aus Dänemark senden euch Thomas und Ulrike.
- Schöne Grüße aus Italien!
- Viele liebe Grüße von der Nordseeküste in Blavand sendet euch die ganze Familie Fischer.
- Schöne Grüße von der Sonneninsel Mallorca senden Peter und Sabine.

- Viele liebe Urlaubsgrüße aus dem sonnigen Süden von Klaus und Ulrike.
- Viele liebe Urlaubsgrüße aus dem kalten, aber wunderschönen Norden senden euch (Ihnen) Susan und Michael Wolpers.
- Ganz liebe Grüße aus dem wunderschönen Griechenland von Carmen, Michael und Robert.
- Herzliche Grüße von der Insel Kreta schicken euch Sebastian und Marina.
- Ganz herzliche Grüße von den Malediven von Claudia und Frank.
- Herzliche Grüße aus Malente und von den wunderschönen Plöner Seen sendet Ihnen (euch) Familie Schwartz.
- Herzliche Urlaubsgrüße, wie in jedem Jahr, von „unserer" Insel senden Gisela und Manfred.
- Herzliche Urlaubsgrüße aus Athen!
- Allerbeste Grüße aus dem Schwarzwald sendet Familie Fischer.
- Aus den Allgäuer Alpen senden euch Matthias und Stefan die besten Grüße.
- Euch allen recht herzliche Urlaubsgrüße von Gran Canaria.
- Aus dem sonnigen Griechenland senden wir euch heute die besten Urlaubsgrüße.
- Ganz liebe Feriengrüße von Lanzarote senden euch Tina, Franziska, Lena und Patrick.
- Sonnige Urlaubsgrüße von hier senden euch Nadine und Tobi.
- Viele Grüße aus den Ferien senden Verena und Stefan (zur Zeit in Südfrankreich).

- Heute möchten wir euch recht herzlich von der Nordseeinsel Helgoland grüßen.
- Wie im letzten Jahr, so möchten wir euch auch in diesem Urlaub wieder herzlich aus Schweden grüßen.
- Ganz herzliche Feriengrüße aus der Bretagne und von der französischen Atlantikküste senden Simone und Jens.
- Sonnige Feriengrüße aus dem herrlichen Österreich sendet Ihnen Familie Kunzmann.
- Schöne Wandergrüße aus dem malerischen Südtirol senden Ramona und Jens-Peter.
- Sonnige Grüße aus dem noch sonnigeren Italien schicken euch Marianne und Wolfgang.
- Ganz herzliche Sommergrüße aus dem fernen Florida sendet euch und auch allen Bekannten eure Familie Wiehd.
- Viele Grüße aus dem sonnigen und blühenden Spanien von Alexandra, Tanja und Florian.
- Liebe Grüße aus Dänemark schickt euch Familie Richter.
- Liebe Feriengrüße senden euch die Müllers, diesmal aus der Türkei.

Speziell aus dem Winterurlaub

- Schöne Wintergrüße aus den Schweizer Alpen senden euch Bettina, Roland und Tobias .
- Sonnige und frostige Grüße aus dem Harz sendet euch Tina.

- Viele winterliche Urlaubsgrüße aus Tirol senden euch Karin und Rainer.
- Kalte, aber sonnige Grüße aus dem Winterurlaub sendet dir deine Sandra.
- Aus einem wunderschönen Winterurlaub grüßen wir euch ganz herzlich.
- Viele Urlaubsgrüße aus dem verschneiten Schwarzwald senden euch alle zweibeinigen und vierbeinigen Mitglieder der Familie Wittbach.
- Herzliche Winterurlaubsgrüße aus den italienischen Alpen sendet euch Familie Schmuck.

Speziell von einem Kreuzfahrtschiff

- Viele Grüße direkt aus dem blauen Mittelmeer von unserer wunderschönen Kreuzfahrt durch die Ägäis.
- Die besten Grüße von Bord der AIDA blu senden euch Tina und Sven.
- Von Bord unseres tollen Kreuzfahrtschiffes, der A-ROSA BELLA, grüßen wir euch recht herzlich.
- Von unserer Flusskreuzfahrt auf der Donau senden euch Michaela und Mike herzliche Grüße.
- Unter strahlend blauem Himmel und mit leichtem Seegang wollen wir euch viele Grüße aus dem Atlantik, vor Frankreichs Küste, übermitteln.
- Direkt aus dem Mittelmeer mit Blick auf die Küste Griechenlands senden euch Andreas und Sandra liebe Grüße.

- Viele liebe Grüße aus dem Hafen von Palermo senden euch Viktoria und Stefan.
- Viele liebe Grüße von der „schönsten Seereise der Welt", der Fahrt auf der Hurtigrute entlang der norwegischen Küste, senden euch Andrea und Christian.
- Viele Grüße von der MS Midnatsol (= Mitternachtssonne), dem modernsten Schiff der Hurtigrutenflotte, sendet euch Familie Becker.
- Vom Panoramadeck der MS Viktoria senden wir euch ganz herzliche Grüße.

3.) Informationen über den Urlaub

a.) Anreise

Hinweis: *Sie fahren/fliegen/reisen <u>nach</u> einem Land, <u>nach</u> einer Stadt, <u>nach</u> einer Insel, aber <u>zu</u> einem See, <u>zu</u> einem Berg, <u>zu</u> einer Küste, <u>in</u> ein Gebirge.*

Beachten Sie: *Weibliche Ländernamen bilden eine Ausnahme: Sie reisen <u>in</u> die USA, <u>in</u> die Niederlande, <u>in</u> die Türkei, <u>in</u> die Schweiz, <u>in</u> die Dominikanische Republik.*

Beispiele:
- Die Fahrt nach Italien ...
- Der Flug nach Toronto ...
- Die Reise nach Korsika ...
- Der Flug in die USA ...
- Die Fahrt zum Bodensee ...
- Die Busfahrt zum Großglockner ...
- Die Reise in die französischen Alpen ...
- Die Fahrt zur französischen Atlantikküste …

Mit dem Auto

- Die Anreise haben wir ohne großen Stau gut überstanden.
- Nach den Strapazen einer langen Autofahrt erholen wir uns jetzt gut.
- Unsere Anreise verlief sehr gut (9 Std.) ohne Staus.

- Wir sind hier gut angekommen.
- Wir sind gut angekommen, hatten eine gute Fahrt.
- Nach vielen Staus auf der Autobahn sind wir schließlich doch gut (aber müde) angekommen.
- Wir sind hier am Montag (Dienstag, Mittwoch etc.) gut angekommen.
- Wir sind sehr gut angekommen, es hat alles prima geklappt.
- Wir sind hier in der Eifel gut angekommen.
- Wir sind hier am Sonntagmittag gut angekommen und haben auch gleich unser Quartier bezogen.
- Wir sind hier am Montag nachmittags gut angekommen.
- Wir sind am Mittwoch gegen Abend gut (aber müde) in unserem Hotel eingetroffen.
- Die Fahrt war prima, wir haben uns nur einmal verfahren.
- Die Fahrt hierher verlief gut, es gab nur zwei kleinere Staus.
- Die Autofahrt verlief gut, allerdings war es für die Kinder doch anstrengend.
- Die Autofahrt war gar nicht so lang, aber die Kinder waren zwischenzeitlich doch ungeduldig.
- Die lange Fahrt haben wir gut überstanden.
- Die Autofahrt verlief gut: keine Unfälle, keine Staus.
- Nach einer anstrengenden Fahrt (12 Stunden, weil wir im Stau standen) sind wir hier gleich von der schönen Gegend entschädigt worden.

Mit dem Autoreisezug

- Nach einer gemütlichen und entspannten Fahrt mit dem Autoreisezug haben wir ausgeruht unser Quartier bezogen.
- Wir sind mit dem Autoreisezug gut angekommen.
- Wir hatten eine angenehme Fahrt im Autoreisezug und sind pünktlich und sicher eingetroffen.
- Unsere Fahrt im Autoreisezug war recht angenehm, wir haben von der ersten Minute an Urlaub gehabt.
- Die Anreise im Autoreisezug war ein schönes Erlebnis.
- Die Reise im Autozug war für die Kinder ein aufregendes Erlebnis.

Mit dem Flugzeug

- Wir hatten einen guten Flug.
- Wir sind gut gelandet, alles verlief ohne Zwischenfälle.
- Wir hatten einen guten Flug, mussten aber fast 20 min. über New York kreisen, ehe wir Landeerlaubnis bekamen.
- Nach einem turbulenten Flug mit viel Regen und Wind in München sind wir hier in einem schönen Hotel „gelandet".
- Nach einem langen Flug und wenig Schlaf leben wir uns jetzt gut ein.
- Nach mehreren Stopps in London und Edmonton sind wir glücklich in Vancouver gelandet.

- Unser Flug war angenehm, wir hatten einen herrlichen Blick auf die gesamte Inselwelt im Mittelmeer.
- Unser Flug war ein Erlebnis: Wir hatten einen tollen Blick auf die Rocky Mountains.
- Unser Flug war sehr interessant, wir hatten beim Landeanflug einen unvergesslichen Blick auf den Nil.
- Unser Flug dauerte zwar nur zwei Stunden, aber es war ein unvergleichliches Erlebnis für die Kinder.
- Der Flug war für die Kinder ein aufregendes Abenteuer.
- Der Flug mit Zwischenlandung in Rom verlief ganz ohne besondere Vorkommnisse.

b.) Allgemeine Stellungnahme

- Es gefällt uns hier sehr gut.
- Hier ist es sehr schön.
- Wir verleben (hier) wieder herrliche Ferien.
- Wieder einmal haben wir es so angetroffen, wie wir es erhofft hatten.
- Sonne, Meer und Strand sind prima.
- Es gefällt uns hier sehr gut, wir erholen uns prächtig.
- Bis auf das Essen ist es hier super.
- Leider beginnt morgen (übermorgen, nächsten Montag etc.) schon unsere letzte Woche.
- Uns gefällt es hier wieder sehr gut.
- Alles war bisher prima: Fahrt, Unterkunft, Landschaft.
- Alles hat bis jetzt prima geklappt: Flug, Transfer, Hotel.
- Was wir uns erträumt hatten, ist Wirklichkeit geworden.
- Es ist einfach toll hier. Nicht nur die Kinder, auch wir sind vom Camping begeistert.
- Bisher war alles großartig: der Flug, das Hotel, die Landschaft, das Meer.
- Alles klappte hervorragend: Flug, Hotel, Mietwagen. Wir sind sehr zufrieden.
- Uns gefällt es hier so gut, dass wir am liebsten hier bleiben möchten.
- Unsere Kur ist einfach spitze.
- Hier ist es wirklich traumhaft.
- Alles klappte prima, die Stimmung ist bestens.
- Es gefällt uns sehr, eine tolle Gegend.

- Hier gibt es unwahrscheinlich viel zu sehen.
- Es ist wieder ganz toll: Wohnanlage, Wetter, Wärme, Wasser, Wein.
- Die Gegend ist ganz beeindruckend.
- Wir haben uns schon prima eingelebt.
- Wir hätten nicht gedacht, dass Urlaub im Zelt so viel Spaß machen kann.

c.) Wetter

Gutes Sommerwetter

- Das Wetter ist sonnig und warm.
- Hier ist es sehr warm, aber wir haben ja genügend Möglichkeiten, uns abzukühlen.
- Die Sonne ist hier nur gut zu uns.
- Wir genießen den wunderschönen Sommer am und im Pool.
- Zum Baden und Sonnen ist das Wetter ideal, es ist herrlich warm.
- Das Wetter ist recht sonnig, wir können das Meer und den Strand genießen.
- Hier ist es sonnig, allerdings auch sehr windig.
- Das Wetter ist bestens.
- Die Temperaturen sind hochsommerlich, wir sind täglich im Wasser.
- Wir haben ebenso schönes Wetter wie im letzten Jahr.
- In diesen letzten Tagen war es hier etwas zu heiß: ca. 35°, Wassertemperatur: 29°.
- Bis auf den ständigen Wind ist das Wetter doch recht gut.
- Das Wetter ist klasse: Mittagstemperaturen um 35°, abends nicht unter 24°.
- In diesem Jahr haben wir sehr viel Sonne und den ersten Sonnenbrand.
- Wir genießen die Sonne und das warme Mittelmeer.

- Das Wetter ist fabelhaft, wir haben hier in den Bergen herrliche Fernsicht.
- Das Wetter war bisher (bis auf zwei Tage mit Wolken und Kühle) recht angenehm.
- Wir haben im Schatten ca. 22°–25°, in der Sonne entsprechend heißer.
- Das Wetter hier ist super.
- Wir haben hier herrliches Wetter.
- Es ist zur Zeit leicht bewölkt, aber angenehm warm.
- Wetter: warm, mal Sonne, mal Wolken. Nicht zu heiß, nicht zu kalt.
- Wetter: Luft 29°, Meer 25°, Pool 28°.
- Es war in den letzten Tagen sommerlich warm, wir hoffen, dass es bis zum Ende des Urlaubs anhält.
- Bis jetzt hatten wir nur gutes Wetter, hoffentlich bleibt es so.
- Hier ist es sehr warm, aber da es auch immer recht windig ist, kann man die Wärme gut ertragen.
- Das Wetter ist diesmal wieder ganz toll: 26°–28° und herrlich laue Abende.
- Das Wetter ist hervorragend geeignet, um Ausflüge zu machen oder um zu wandern.
- Seit Tagen haben wir bestes Wetter.
- Es ist sehr sonnig, das Meer ist angenehm warm und der Sand am Strand manchmal richtig heiß.
- Obwohl es bereits Oktober ist, ist es hier wie im Hochsommer.
- Obwohl es erst April ist, ist es schon sommerlich warm.
- Eine Woche mit herrlichem Wetter liegt hinter uns, eine zweite soll (laut Wettervorhersage) folgen.

- Hoffentlich bleibt das Wetter noch recht lange so warm und sonnig wie nach dieser ersten Woche.
- Bisher hatten wir herrliches Sommerwetter mit Temperaturen von 23°–32°.
- In den ersten Tagen wehte hier ein kühler Wind, doch nun wird es von Tag zu Tag wärmer.
- Seit Tagen ist es wolkenlos und herrlich warm.
- Seit Tagen ist es sonnig mit blauem Himmel.
- Das Wetter ist hervorragend, die Sonne sticht ganz schön.
- Das Wetter ist sehr schön, 30° C.
- Der Himmel ist heute bedeckt, aber 22°–24°.
- Heute ist es ausnahmsweise mal regnerisch, sonst ist das Wetter prima.
- Das Wetter ist hervorragend.
- Die Sonne scheint den ganzen Tag, man kann es am Strand nur aushalten, wenn man sich hin und wieder im Wasser abkühlt.
- Es ist hier sehr warm. Zur Zeit haben wir ca. 38° und eine relative Luftfeuchtigkeit von 72% (Sauna).
- Das Wetter ist herrlich, wir haben strahlenden Sonnenschein.
- Das Wetter ist hier recht gut, 26° und somit nicht zu heiß.
- Das Wetter war anfangs ziemlich wechselhaft, in den letzten Tagen jedoch sehr gut.

Schlechtes Sommerwetter

- Zum Baden ist das Wetter leider zu kühl, aber wir machen täglich Spaziergänge am Strand.
- Leider ist das Wetter hier nicht so, wie wir es erwartet hatten. Nach zwei Tagen Dauerregen kommt jetzt allmählich die Sonne zum Vorschein.
- Wir haben hier zwar größtenteils Sonne, aber es ist dabei kalt und windig.
- Nach anfangs regnerischem und windigem Wetter scheint es nun so, als ob sich die Sonne doch noch durchsetzt.
- Nach heftigen Regengüssen in der ersten Woche ist es jetzt zwar trocken, aber überwiegend windig, und es gibt wenig Aussicht auf Wetterbesserung.
- Das Wetter könnte besser sein, leider hatten wir in den letzten Tagen viel Regen.
- Das Wetter: strichweise Regen, viel Wind, nur gelegentlich kommt mal die Sonne hervor.
- Das Wetter: reichlich kühl, aber immer sonnig.
- Nach vier sonnigen Tagen haben wir nun überwiegend regnerisches Wetter mit viel Wind und dicken, grauen Wolken.
- Mit dem Wetter haben wir dieses Jahr wirklich Pech, es könnte wesentlich besser sein.
- Mit dem Wetter haben wir nicht so viel Glück, die Regenschauer kommen und gehen.
- Das Wetter könnte besser sein, heute regnet es seit den frühen Morgenstunden, auch gestern gab es zahlreiche Regenschauer.

- Nur das Wetter ist seit zwei Tagen nicht besonders. Es regnet zwar nicht, doch es ist bewölkt, und es weht ein kühler Wind.

Winterwetter

- Heute hatten wir einen herrlichen Tag, keinen Wind und viel Sonnenschein. Und natürlich auch viel Schnee, wie wir es uns gewünscht hatten.
- Wir haben herrlichen Sonnenschein, nur der Schnee könnte etwas mehr sein.
- In den ersten Tagen hatten wir Nebel, doch nun ist es hier wie im Bilderbuch: Sonne, blauer Himmel, viel Schnee.
- Das Wetter ist hervorragend, kalt und sonnig, wir sind jeden Tag auf der Piste. Hoffentlich bleibt es bis zum Ende des Urlaubs so.
- Das Wetter ist ideal zum Skilaufen: nicht zu viel Schnee und nicht zu wenig, Sonne und klare Sicht.
- Seit Tagen ist es angenehm frostig mit viel Sonne und einer geschlossenen Schneedecke, prima geeignet zum Rodeln und Langlauf.
- Das Wetter ist kalt, aber beständig. Ihr könnt euch gar nicht vorstellen, wie viel Schnee wir hier haben.
- Das Wetter ist genau richtig, Ski und Rodeln gut!
- Nach einer Woche mit schönem, sonnigem Wetter erleben wir nun Regen. Sogar in den höheren Lagen ist kaum noch ausreichend Schnee vorhanden.

- Es ist zwar den ganzen Tag sonnig, aber der Wind ist sehr kräftig und sehr kalt. Wie gut, dass wir dicke Winterjacken haben.
- Das Wetter lädt heute nicht zum Skifahren ein, es regnet seit den frühen Morgenstunden.
- Das Wetter ist dieses Jahr nicht besonders, die Lifte sind zur Zeit geschlossen.
- Die ersten zwei Tage waren recht stürmisch, jetzt wird das Wetter allmählich besser, aber es fehlt der Schnee, um wie im letzten Jahr richtig gut rodeln zu können.

d.) Unterkunft

Im Hotel

- Wir haben ein hervorragendes Hotel mit einem herrlichen Ausblick auf Meer, Strand und Dünen.
- Unser Hotel und die Verpflegung sind großartig.
- Das Hotel ist sehr schön, es bietet alles, was man sich wünscht.
- Unser Hotel ist spitze, wir werden hier rund um die Uhr verwöhnt.
- Unser Hotel ist sehr schön gelegen, direkt am Strand, inmitten eines breiten Dünengürtels.
- Das Hotel ist genauso gemütlich wie letztes Jahr, und wir haben schöne Zimmer mit einem herrlichen Blick aufs Meer.
- Das Hotel ist super, wir fühlen uns rundum wohl.
- Unser Hotel ist recht ordentlich, wir wohnen im vierten Stock und haben einen herrlichen Ausblick auf die Stadt.
- Das Hotel ist traumhaft: vor uns ein herrlicher Blick über das Meer, hinter uns ein Blick auf die wunderschöne Naturlandschaft.
- Unser Hotel ist prima, das Essen ist gut und reichhaltig. Wir fühlen uns sehr wohl.
- Unser Hotel ist prima, das Freizeitangebot ist sehr gut.
- Unser Hotel ist ausgezeichnet, das Sport- und Spielangebot ist großartig.
- Wir sind in einem wirklich schönen Hotel „gelandet" und genießen die Tage am Swimmingpool.

- Das Hotel ist ganz gemütlich, allerdings könnte das Essen besser sein.
- Wir sind in einem ausgezeichneten Hotel untergekommen, das Essen ist prima, besonders das Frühstücksbuffet hat es uns jeden Morgen angetan.

Im Ferienhaus / In der Ferienwohnung

- Wir haben ein tolles Ferienhaus (eine tolle Ferienwohnung) mit einem herrlichen Blick aufs Meer.
- Unser Ferienhaus (Unsere Ferienwohnung) ist super, mit allem ausgestattet, was man so täglich braucht.
- Unser Ferienhaus (Unsere Ferienwohnung) ist zwar recht einfach ausgestattet, aber urgemütlich.
- Unser Ferienhaus ist traumhaft: direkt in den Dünen gelegen mit einem herrlichen Blick auf Strand und Meer.
- Das Ferienhaus (Die Ferienwohnung) hat eine hervorragende Lage: direkt am Meer. Das Wasser ist gut zu Fuß zu erreichen.
- Unser Ferienhaus gefällt uns sehr gut, es ist erst drei Jahre alt und hervorragend ausgestattet.
- Wir wohnen in einem schönen Ferienhaus direkt am Meer, es ist sehr erholsam, denn die nächsten Nachbarn sind etliche Meter von uns entfernt.
- Das Ferienhaus (Die Ferienwohnung) ist prima: sehr geräumig, wir haben viel Platz und können unseren Urlaub so verleben, wie wir es uns gewünscht haben.

- Das Ferienhaus (Die Ferienwohnung) ist ausgezeichnet. Hervorragend ausgestattet und in einer herrlichen Landschaft gelegen.
- Das Leben im Ferienhaus gefällt uns sehr gut, weit und breit kein Trubel, genau wie wir es uns vorgestellt haben. Hier kann man sich wirklich gut erholen.
- Wir haben ein schönes Ferienhaus mit einem eigenen Badestrand und rechts und links nette Nachbarn.
- Unsere Unterkunft (Ferienhaus / Ferienwohnung) ist recht gemütlich.
- Wir genießen unsere Ferien auf der Terrasse unseres sehr schön gelegenen Ferienhauses.
- Wir genießen unsere Ferien auf dem Balkon unserer sehr schön gelegenen Ferienwohnung.
- Das Wohnen im Ferienhaus ist wirklich erholsam, wir können uns den Tag so einteilen, wie wir es möchten.
- Unser Ferienhaus (Unsere Ferienwohnung) ist sehr geräumig.
- Unser Ferienhaus liegt malerisch am Waldrand, von der Terrasse aus blicken wir direkt auf den Ort.

Auf dem Campingplatz

- Wir sind auf einem schönen Campingplatz untergebracht, direkt am Strand.
- Unser Campingplatz ist ruhig und liegt in einem wunderschönen Dünengelände.
- Unser Campingplatz hat eine wunderschöne Lage inmitten eines Waldes an einem kleinen Badesee.

- Unser Campingplatz liegt direkt am Strand und hat jedem von uns etwas zu bieten: großer Spielplatz, Billard, Tennisplatz, Cafeteria, Disco am Abend.
- Wir haben einen tollen Campingplatz gefunden.
- Das Leben auf dem Campingplatz gefällt uns sehr gut, wir haben nette Nachbarn.
- Wir haben einen sehr schönen Campingplatz gefunden, ihr könnt ihn vorn auf der Karte sehen.
- Wir haben einen sehr schönen Campingplatz gefunden, nicht zu groß, mit vielen netten Nachbarn.
- Der Campingplatz, auf dem wir untergekommen sind, ist prima. Es gibt hier ein tolles Freizeitangebot: Bogenschießen, Fußballturniere, Tischtennismeisterschaften, Minigolf, Lagerfeuer am Abend usw. Wir haben viel Spaß.
- Der Campingplatz gefällt uns sehr gut, er ist ganz neu eingerichtet und hervorragend ausgestattet.
- Wir haben gleich einen schönen Zeltplatz gefunden, an einem herrlichen See, ihr könnt es hier auf der Karte sehen.
- Unser Zeltplatz liegt an einem herrlichen Strand, direkt vor unserem Wohnwagen beginnt ein berühmtes Naturschutzgebiet.
- Wir haben einen herrlichen Campingplatz gefunden, fernab des üblichen Touristenrummels und daher sehr erholsam.
- Vorn auf der Karte ist eine Ansicht unseres Zeltplatzes.
- Wir haben einen schönen Campingplatz gefunden und fühlen uns hier sehr wohl.

Im Wohnmobil

- Urlaub im Wohnmobil ist einfach toll.
- Das Leben im Wohnmobil ist super, jeden Tag erleben wir neue Abenteuer.
- Die Ferien im Wohnmobil sind besonders für die Kinder ein großartiges Erlebnis.
- Die Rundreise durch Norwegen mit dem Wohnmobil ist fantastisch: Wo es uns gefällt, bleiben wir zwei oder drei Tage, ansonsten ziehen wir einfach weiter.
- Unser Wohnmobil ist super, mit allem ausgerüstet, was man braucht: Kühlschrank, Backofen, Mikrowelle und sogar Warmwasser-Dusche.
- Kanada mit dem Wohnmobil ist die beste Möglichkeit, hier Urlaub zu machen. Land und Leute kann man so hautnah erleben.
- Im Wohnmobil durch Skandinavien ist wirklich eine großartige Gelegenheit, das Land und seine Einwohner kennen zu lernen.
- Das Reisen im Wohnmobil ist ein abenteuerliches Leben, heute hier, morgen dort. Wir haben keine festen Pläne und lassen uns vom Wetter und der Landschaft leiten.
- Urlaub im Wohnmobil war zwar anfangs etwas ungewöhnlich, gefällt uns aber immer besser.

Auf dem Kreuzfahrtschiff

- Urlaub auf dem Luxusliner ist wirklich etwas ganz Besonderes.
- Auf der MS Midnatsol belegen wir eine Außenkabine mit Fenster und haben dadurch Tag und Nacht Blick auf die Küste.
- Unser Urlaub im „schwimmenden Hotel" gefällt uns sehr gut, besonders das Sonnendeck mit den Liegestühlen besuchen wir täglich.
- Das Leben auf der Midnatsol ist wirklich herrlich. Es gibt ein Sonnendeck mit Liegestühlen, ein Panoramadeck, gläserne Fahrstühle und sogar eine Sauna.
- Ferien an Bord der MS Trollfjord sind ein besonderes Erlebnis: Alle paar Stunden legen wir in einem anderen Hafen an, unsere Zweibettkabine ist gemütlich eingerichtet.
- Die Karibik mit dem Luxusdampfer zu erkunden ist ein ganz besonderes Erlebnis. Die Inseln und die weißen Strände im tiefblauen Meer sind außergewöhnlich schön.

e.) *Landschaft*

- Wir sind in einer wunderschönen Gegend, es gefällt uns sehr gut.
- Die Landschaft ist herrlich: weite Täler und endlose Wälder, schneebedeckte Gipfel und malerische Ortschaften.
- Die Landschaft ist unbeschreiblich schön: Die Berge sind gerade jetzt im Frühling besonders prächtig.
- Die Landschaft ist genauso schön wie auf dieser Karte: ein breiter Strand und eine herrliche Dünenlandschaft mit kleinen Kiefernwäldern.
- Hier ist es wirklich wunderschön: herrliche Wälder, klare Bäche, kleine Seen, einfach Natur pur.
- Wir sind ganz verliebt in diese wunderschöne Gegend.
- Es ist einfach herrlich: das weite Meer und die zahlreichen kleinen Inseln, wie im Paradies!
- Das Laub färbt sich bereits bunt, es ist herrlich anzusehen.
- Das Meer ist genauso blau, wie auf dieser Karte abgebildet.
- Die Landschaft ist wie aus dem Bilderbuch, der Himmel genauso blau, die Sonne strahlt.
- Es ist genau wie auf der Karte: herrlicher Strand mit Palmen, blaues Meer und Sonnenschein.
- Die Landschaft ist beeindruckend: eine trockene, steinige Gegend, hügelig, mit hohen Bergen in der Ferne und nur gelegentlich einzelnen Baumgruppen.
- Hier ist es einfach herrlich, wie vorn auf der Karte: brausendes Meer, breiter Sandstrand, blauer Himmel und weiße Möwen.

- Die Insel ist traumhaft: felsige Küste auf der einen, weiße Sandstrände auf der anderen Seite, dazwischen Dünengelände.

f.) Vergangene Unternehmungen

- Gestern haben wir ein Fischereimuseum und den Hafen besichtigt.
- Letzte Woche haben wir eine Fahrt durch das Landesinnere gemacht.
- Wir haben schon einige ausgedehnte Wanderungen hinter uns.
- Einen Inselausflug haben wir schon gemacht.
- Gestern haben wir einen Rundflug mit dem Hubschrauber gemacht.
- Einen Tagesausflug zu / nach ... haben wir letzte Woche unternommen.
- Mit der Fähre haben wir schon zwei interessante Ausflüge gemacht.
- Auf unseren Wanderungen haben wir oft einen herrlichen Ausblick auf die Berge und Täler hier im Allgäu.
- Wir haben in den letzten Tagen viel Sport getrieben: Schwimmen, Bogenschießen, Tennis, Volleyball.
- Wir haben schon ein paar gute Volleyballturniere am Strand gewonnen.
- Wir sind viel unterwegs, in den letzten Tagen haben wir uns Kiel und Eckernförde angesehen.
- Wir verbringen die Tage mit Faulenzen, Sonnenbaden, Lesen.
- Jede halbe Stunde können wir mit dem Bus, der genau vor unserem Hotel hält, in die Stadt fahren.
- Gestern haben wir eine Schifffahrt auf dem Rhein gemacht.

- Vor zwei Tagen haben wir einen riesigen Leuchtturm erklommen, jetzt haben wir reichlich Muskelkater.
- Die Nachbarn auf dem Campingplatz sind sehr freundlich, ich hatte letzte Woche oft Gelegenheit, meine Französischkenntnisse zu verbessern.
- Gestern haben wir eine geschichtliche Tour durch Trier gemacht.
- Wir haben schon drei größere Fahrradtouren hinter uns.

g.) Derzeitige Unternehmungen

- Heute waren wir den ganzen Tag am Strand.
- Heute sind wir durch die Stadt gebummelt und haben Einkäufe gemacht.
- Bei diesem herrlichen Wetter sind wir natürlich jeden Tag am Strand, und zurzeit sind Schwimmen und Tauchen unsere liebsten Beschäftigungen.
- Heute haben wir einen schönen Spaziergang durch die Lüneburger Heide gemacht.
- Wir wandern viel und haben heute einen Abstecher zu einer großen Talsperre gemacht.
- Natürlich wollen wir nicht jeden Tag faulenzen, und so haben wir heute einen Bummel durch die Altstadt gemacht und viel über die Geschichte des Ortes erfahren.
- Heute hat unser Tauchlehrgang begonnen, wir sind ganz begeistert.
- Heute hatten wir die besondere Gelegenheit, eine Höhle zu besichtigen. Es war sehr beeindruckend.
- Heute haben wir einen Ausflug ins Landesinnere gemacht.
- Heute haben wir zum ersten Mal eine Kanufahrt auf der Weser gemacht. Natürlich sind wir schon nach kurzer Zeit gekentert. Es war ganz schön peinlich, besonders weil viele Zuschauer am Ufer Beifall klatschten.
- Heute waren wir den ganzen Tag im Legoland (im Hansapark, im Phantasialand etc.). Jetzt tun uns die Füße weh, aber die Kinder hatten viel Spaß.

- Heute Vormittag hatten wir die Möglichkeit, mit einem kleinen Sportflugzeug an der Küste entlang zu fliegen.
- Wir faulenzen den ganzen Tag und genießen das gute Essen im Hotel.
- Wir unternehmen jeden Tag etwas anderes, heute haben wir mit der Fähre einen Abstecher zum Festland gemacht.
- Heute haben wir den hiesigen Flughafen besichtigt. Es ist schon erstaunlich, wie viele Menschen unterschiedlicher Nationalitäten hier zusammentreffen.

h.) Zukünftige Unternehmungen

- Nachdem wir uns nun etwas eingelebt haben, wollen wir uns in sportliche Aktivitäten stürzen: Tauchen, Schwimmen, Bogenschießen und Tennis stehen in den nächsten Tagen auf unserem Programm.
- In den nächsten Tagen wollen wir eine Kanutour machen.
- Morgen werden wir mit der Autorundreise beginnen.
- Einen Kamelritt haben wir noch vor uns.
- Ein großer Einkaufsbummel ist für die nächste Woche geplant.
- Morgen wollen wir in der Stadt bummeln gehen.
- Für die nächste Woche sind mehrere Tagesausflüge in die Umgebung geplant.
- Demnächst wollen wir einen Rundflug über die Küste machen.
- Ab Montag wollen wir die Umgebung erkunden und uns den Sehenswürdigkeiten zuwenden.
- In den nächsten Tagen sind mehrere Besichtigungen und Ausflüge geplant.
- In den nächsten Tagen wollen wir einen Abstecher nach Österreich machen.
- Morgen wollen wir mal ins Thermalbad und dort ausspannen. Das tägliche Skilaufen ist ganz schön anstrengend.
- Zum Surfen haben wir hier täglich Gelegenheit (viel Wind und hohe Wellen sind immer vorhanden), doch morgen wollen wir mal ins heimatkundliche Museum.

- In der nächsten Woche wollen wir erst einmal die Insel erkunden.
- Nächste Woche geht's für zwei Tage auf Safari.
- Auf die bevorstehenden Ausflüge nach Monaco und Nizza sind wir schon sehr gespannt.
- In ein paar Tagen wollen wir uns die Niagarafälle ansehen.
- Am kommenden Wochenende wollen wir die Tempel in Luxor und das Tal der Könige besichtigen.
- Wir freuen uns schon auf den kommenden Segellehrgang.

i.) Sehenswürdigkeiten

- Das Matterhorn ist wirklich so unvergleichlich schön wie auf diesem Foto.
- Paris ist ziemlich chaotisch, aber die Aussicht vom Eiffelturm ist unvergesslich.
- Die Pyramiden sind viel größer, als wir sie uns vorgestellt haben, ein tolles Erlebnis.
- San Francisco und die Golden Gate Bridge muss man einfach mal gesehen haben, eine tolle Stadt, eine herrliche Umgebung.
- London und die Tower Bridge: Es ist wirklich eine ganz besondere Stadtbesichtigung gewesen.
- Ein Spaziergang auf dem Deich bei Windstärke 10, was für ein gewaltiges Erlebnis!
- Die Nationalparks der Rocky Mountains sind sehr beeindruckend, hier kann man noch viele Tiere beobachten, die man sonst nur noch im Zoo sieht.
- Die Fahrt zu den Niagarafällen war einer der Höhepunkte unserer Rundreise. Welch ein beeindruckendes Schauspiel!
- Berlin ist schon eine beeindruckende Stadt mit einer besonderen Atmosphäre. Der Ausblick vom Alexanderturm war großartig.
- Das Schloss von Versailles ist sehr sehenswert, wir fühlten uns in eine frühere Epoche zurückversetzt.
- Die Bretagne ist landschaftlich sehr schön, am meisten haben uns die Megalithen beeindruckt: riesige Steine, in Reihen hintereinander aufgestellt. Einer alten Sage nach soll es sich hierbei um versteinerte Soldaten handeln.

- München ist eine außergewöhnliche Stadt, bei Föhn hatten wir eine gute Fernsicht, die Alpen waren zum Greifen nah.
- Besonders sehenswert war der nördlichste Zipfel Dänemarks bei Skagen. Dort treffen Nord- und Ostsee zusammen, und man kann in beiden Meeren gleichzeitig baden.
- In Kopenhagen haben wir die Kleine Meerjungfrau besucht.

4. Zusatzgrüsse

- Viele Grüße auch an Herrn Wagner.
- Einen schönen Gruß auch an Familie Schmitt.
- Einen lieben Gruß auch an Ihre Nachbarin Frau Martens.
- Bei dieser Gelegenheit möchten wir auch Familie Bergmann herzlichst grüßen lassen.
- Und zum Schluss noch einen Feriengruß an deinen Bruder Michael.
- Herzliche Grüße an alle, besonders aber an Frau Richter.
- Allerbeste Grüße an den Rest der Familie.
- Schöne Grüße auch an Brigitte, Toni und Sebastian.
- Grüßt bitte auch Familie Fischer ganz herzlich.
- Liebe Grüße an alle Freunde und Bekannten, vor allem an Sabine und Matthias.
- Und schnell noch einen schönen Gruß an Tante Monika, Onkel Jürgen und Karina.
- Auch einen schönen Gruß an Elisabeth.

III. TEIL:

Beispieltexte

Häufig hilft schon das Lesen anderer Kartentexte, um Ideen für die eigenen Urlaubsgrüße zu finden.

Hallo ihr zwei!
Viele liebe Urlaubsgrüße aus Spanien senden euch Bianca und Michael.
Das Wetter ist hervorragend, und wir können so richtig schön in der Sonne faulenzen. Unser Hotel ist auch prima. Wir haben es wieder alles gut getroffen.
Viele Grüße auch an Steffi und Björn.

Herzliche Urlaubsgrüße von der sonnigen Costa Brava sendet Andrea. Unser Hotel liegt direkt am Strand, wir verbringen viel Zeit mit Schwimmen und Sonnenbaden und genießen das Nichtstun. Für die nächsten Tage sind Ausflüge ins Landesinnere geplant.

Von einem Kurztrip nach Koblenz grüßen wir euch heute ganz herzlich. Leider ist das Wetter nicht so gut, der Regenschirm ist unser ständiger Begleiter. Trotzdem haben wir schon viel unternommen und den Rhein per Schiff kennen gelernt.

Viele Grüße an alle Kollegen,
Hans und Helga.

Ihr Lieben!
Schnell noch einen Gruß von einem Stadtbesuch in Oberstdorf. Das Wetter zeigt sich von seiner besten Seite:

viel Sonne, ein leichter Wind, und nur gelegentlich ziehen mal Wolken auf, die aber schnell wieder verschwunden sind.

Es ist wirklich eine herrliche Landschaft. Die Berge um uns herum wollen wir in den nächsten zwei Wochen erwandern.

Viele Grüße an die ganze Familie Scholz
senden Yvonne und Thomas.

Ihr Lieben!

Ganz herzliche Grüße aus dem sonnigen Griechenland sendet euch heute eure Familie Fritsch. Der Flug hierher war zwar recht turbulent (mit Gewitter in München), wir sind aber gut gelandet und haben uns in unserem Hotel gut eingelebt. Das Wetter ist spitzenmäßig, Wasser und Strand sind super. Nächste Woche wollen wir zwei Fahrten ins Landesinnere machen.

Viele liebe Urlaubsgrüße aus dem sonnigen Südfrankreich senden euch Sabina und Thomas. Das Wetter hier ist prima, Luft ca. 29°, Wasser ca. 24°. Der Campingplatz liegt zwischen dem Mittelmeer und einem riesigen Pinienwald. In den nächsten Tagen wollen wir einen Ausflug nach Marseille machen.

Ihr Lieben!
Viele Grüße aus Dänemark senden euch Christine, Peter, Markus und Verena. Leider ist das Wetter dieses Jahr nicht so gut: viel Regen und natürlich stets ein kräftiger Wind. Aber unser Ferienhaus ist recht gemütlich, und wir verbringen viel Zeit mit Spielen, Lesen und Faulenzen.

Die allerbesten Urlaubsgrüße aus der Türkei senden euch Britta und Olaf. Hier ist es traumhaft. Das Wetter ist herrlich, auch abends ist es noch angenehm warm. Die Landschaft ist wirklich so schön, wie hier auf der Karte abgebildet. Das Hotel ist ganz ausgezeichnet, auch das Essen ist prima. Wir fühlen uns rundum wohl. Morgen wollen wir mal nicht baden, sondern einen Tagesausflug in die nähere Umgebung machen.

Hallo ihr beiden!
Na, da staunt ihr wohl, oder?
Ja, wir haben unseren Traum wahr gemacht und sind dieses Jahr nach Kanada geflogen. Wir sind begeistert, dieses Land hat alle unsere Erwartungen übertroffen! Hier in Calgary sind zur Zeit die Rodeo-Spiele, man trifft überall auf Cowboys. Gleich nachdem man auf dem Highway die Stadt verlässt, türmen sich die Rocky Mountains auf.
Unterwegs ist uns schon alles begegnet: Elche, Stachelschweine, Bergziegen.
Bis bald, und viele Grüße an alle, Chrissie und Stefan.

Schöne Grüße von unserem Kurzurlaub in Düsseldorf senden euch Elke, Mathias und Patrick. Die Stadt ist wirklich sehenswert, die Altstadt am Rheinufer hat eine ganz besondere Atmosphäre. Noch spätabends sind die Straßen voller Menschen. Leider müssen wir den Regenschirm immer mitnehmen.

Herzliche Grüße aus der Bretagne senden euch Tina und Lars. Nach langer Autofahrt sind wir gut angekommen. Das Wetter ist hervorragend, wie am Mittelmeer. Die Nachbarn auf unserem Campingplatz sind sehr freundlich. Sie schmunzeln oft über unsere doch recht dürftigen Französischkenntnisse, aber irgendwie schaffen wir es immer wieder, uns verständlich zu machen.

Liebe Grüße von einem Wochenendausflug zum Timmendorfer Strand senden euch Angela, Harald und Franziska. Bis Montag können wir bleiben. Zum Baden ist das Wetter leider zu kalt, aber wir haben schon viele tolle Sandburgen gebaut.

Ihr Lieben alle!
Ganz liebe Urlaubsgrüße aus Dagebüll an der Nordsee senden euch Ute, Peter und Thorsten. Wir haben recht gutes Wetter, allerdings auch täglich viel Wind. Unsere

Pension ist sehr gemütlich, das Essen ist prima, besonders die Fischbrötchen.

❀

Liebe Tina, lieber Sven!
Viele Grüße von Gran Canaria. Das Wetter ist super, tagsüber bis 38°. Wir faulenzen in der Sonne (und im Schatten) und werden erst gegen Abend aktiv. Das Frühstück im Hotel haben wir daher noch nicht miterlebt, weil wir erst gegen Mittag aufstehen. Man lernt hier schnell nette Leute kennen. Viele Grüße auch an Tommy und Sabrina!

Bis bald, Petra und Oliver.

❀

Viele liebe Grüße aus dem sonnigen Italien senden euch Tina und Werner mit Patrick und Vanessa. Die Autofahrt hierher war zwar etwas zu lang für die Kinder, dafür werden wir nun aber durch einen wunderschönen Strand und herrliches Wetter entschädigt. Unser Campingplatz ist erstklassig, die Kinder haben viel Spaß. Es gibt hier viel Unterhaltung.

❀

Hallo ihr Lieben!
Viele sonnige Urlaubsgrüße aus Spanien sendet euch Familie Tegtmeyer. Es gefällt uns wieder sehr gut. Bisher hatten wir – wie erwartet – herrliches Sommerwetter. Das

Hotel ist großartig, es liegt direkt am Strand, und wir haben einen wunderbaren Ausblick auf das Meer.

Liebe Frau Schmitt!
Ganz herzliche Urlaubsgrüße sendet Ihnen Familie Gauber. Das Allgäu ist wirklich herrlich, gerade jetzt im Spätsommer zeigt die Bergwelt ihre ganze Pracht. Wir sind schon viel gewandert und genießen die Natur und die frische Luft. Recht viele Grüße auch an Familie Mittwoch.

Hallo ihr Lieben!
Allerbeste Urlaubsgrüße sendet euch die 5-köpfige Familie Lebrecht. Urlaub auf dem Bauerhof ist wirklich mal etwas anderes, die Kinder haben viel Spaß und entdecken jeden Tag Neues. Das Wetter ist wechselhaft, aber überwiegend freundlich.

Die besten Urlaubsgrüße vom Mittelmeer senden euch die vier Werners. Wir sind gut angekommen. Unser Hotel ist schön und nur 200 m vom Strand entfernt. Die Sonne meint es sehr gut, der Sand ist oftmals richtig heiß, aber im Wasser können wir uns ja herrlich abkühlen. Gestern haben wir das hiesige Aquarium besucht, nächste Woche machen wir eine Inselrundfahrt.

Ganz liebe Urlaubsgrüße vom Plattensee senden euch Ulla, Björn und Kathy. Die Reise war zwar lang, hat sich aber gelohnt. Das Wetter ist großartig, und die Umgebung gefällt uns sehr. Wir verbringen die Tage mit Schwimmen, Sonnenbaden und Lesen. Leider beginnt morgen schon unsere letzte Urlaubswoche.

Liebe Sandra, lieber Andreas!
Viele Grüße aus dem Norden Europas senden euch Bea, Florian und die Zwillinge. Unsere Reise verlief ohne Zwischenfälle, auch die Überfahrt mit der Fähre war problemlos. Schweden ist sehr schön, allerdings zur Zeit ziemlich kühl. Heute wollen wir Stockholm erobern. Für die nächsten Tage sind Ausflüge in die Umgebung geplant.

Viele Grüße an Susi und Roland.

Ihr Lieben!
Schnell noch einen Gruß von der Ostsee. Wir sind gut angekommen und haben eine kleine, gemütliche Pension gefunden. Das Wetter ist recht gut. Baden können wir zwar noch nicht, aber in der Sonne liegen und ausspannen reicht uns auch.

Viele Grüße von Anna und Norbert.

Viele sonnige Grüße von der Insel Kreta senden euch Anja und Ralf. Nach einem ruhigen Flug (über München) sind wir hier in einem sehr schönen Hotel mit Blick auf das Meer „gelandet". Den riesigen Strand teilen wir nur mit ein paar Mitbewohnern unseres Hotels. Jede halbe Stunde können wir mit dem Bus, der direkt vor unserem Hotel hält, in die größeren Orte fahren. In den nächsten Tagen wollen wir erst einmal die Insel erkunden.

Herzliche Grüße aus Schleswig-Holstein senden euch die vier Brinkmänner. Wir haben uns ganz kurz entschlossen, ein paar Tage Urlaub zu machen und sind auf einem Bauernhof untergekommen. Hier gibt es sieben Schweine, acht Kühe und jede Menge Hühner. Unsere Kinder sind begeistert. Grüße auch an Familie Kasten.